JEU DE PICQUET

DE

MAHON.

JEU DE PICQUET

DE MAHON.

RICHELIEU, Blacknay, ce dit-on,
Faisoient un Picquet à Mahon,
    Lon lan la derirette ;
Ils y passoient souvent la nuit,
    Lon lan la deriri.

JEFFRIS, cet homme sans pareil,
Aidoit Blacknay de son conseil, lon lan la...
Il n'en a pas mieux réussi, lon lan la deriri.

UN jour il s'avança trop près,
Richelieu l'avoit fait exprès, lon lan la...
Par un écart il se perdit, lon lan la deriri.

IL ignoroit que Richelieu,
Qui posséde le fin du jeu, lon lan la...
N'accusoit le point qu'à demi, lon lan la deriri.

BLACKNAY par là se trouva sot,
Se voyant repic & capot, lon lan la...
Le Picquet fut bientôt fini, lon lan la deriri.

A ij

LE Général prit les enjeux ;
Le courage fait les heureux, lon lan la . . .
Qui pourroit l'être plus que lui ? Lon lan la deriri.

SUR les Cartes l'on disputa ;
Ce fut Blacknay qui les paya, lon lan la . . .
Et Port-Mahon en fut le prix, lon lan la deriri.

L'ANGLOIS fait bien de s'affliger ;
Il fit mieux de ne pas gager, lon lan la . . .
Il auroit perdu les paris, lon lan la deriri.

FIN.

CHANSON, Sur l'Air : *Jupin de grand matin, &c. Air vif.*

OUI Port-Mahon eſt pris,
Et l'on met à prix
Son brave Gouverneur.
De fureur,
On dit : ce mâgot
Fût-il au cachot,
Et Bing au paquebot !
L'Anglois notre lutin,
Dans ſon chagrin ;
Trouve le meilleur vin
Du chicotin.
L'un dedans ſon comptoir,
De rage pleurt ;
L'autre de déſeſpoir,
Pâlit, & meurt.
On voit en plus d'un lieu
Porter le feu :
Londres n'eſt à la fin
Qu'un ſeul tocſin.
L'on ſe ſouviendra
Là,
Plus d'un matin,
Du vingt-neuf de Juin.

CHANSON. Sur l'Air : *Tiens, voilà ma Pipe, &c.*

LES François ont grand tort, & j'en suis bien
    surpris,
De publier partout que Port-Mahon est pris.
De les trouver ingrats l'Univers étonné,
Sçait qu'ils ne l'ont pas pris, mais qu'on leur a
    donné.

QUAND ils sont descendus près de Citadella,
Ne pouvions-nous pas bien tuer tous ces gens là ?
Loin de les chagriner, nous leur avons laissé
Un Fauxbourg qui d'abord devoit être rasé.

QUAND Bing à leurs Vaisseaux s'en vint se
    présenter,
Ils avoient tous grand' peur, sans vouloir s'en
    vanter ;
Mais c'étoit sans raison, puisque notre Amiral
Qu'ils ont si bien battu, ne leur fit aucun mal.

Nous ayant par hasard pris notre Lieutenant,
N'en avions-nous pas d'autre à choisir à l'instant ?
Si nous l'avions voulu, l'on sçait bien qu'en ce cas,
Pour un Moine de moins Couvent ne chaume pas.

Le Commandant Blaknay qui n'aime pas le
    bruit,
Voyant qu'il ne pouvoit près d'eux dormir la
    nuit,
Leur a crié : Messieurs, voilà bien du fracas;
Tenez, prenez la place, & pour moi je m'en vas.
    Nous avions beau ruiner tous les jours leurs
    canons,
Jamais les enragés n'ont tourné les talons :
Acharnés contre nous, certes les impudens,
Sans armes auroient pris la place avec les dents.
    Si nous avons sur Terre essuyé des revers,
Nous sommes bien plus forts, & régnons sur les
    Mers;
Craignans de leurs Vaisseaux les Soldats trop
    méchans,
Nous nous contenterons d'attaquer les Marchands.
    Maroc, Tunis, Alger ne sçavent pas si bien,
Comme l'on fait la guerre à tout Peuple Chrétien.
Si nous ne craignions pas de Louis le courroux,
Les Mathurins viendroient commercer avec nous.

FIN.

CHANSON. Sur l'Air : *De la Marche du Roi de Pruſſe.*

GRACE à Dieu,
Y à Moſſieu
L' Marechal d' Richelieu,
De c' Port-Mahon
J' ſomm' les maît' tout de bon.
Nos Grenadiers,
Bons Guerriers,
Vont à l'aſſaut ;
Ils ſont bientôt,
Par leurs efforts,
Au haut des Forts.
L'Anglois contrit,
Céde & s'enfuit ;
Enfin il n' reſte pas un enn'mi ;
Dam', le François n' s' bat pas à d'mi.
Ayant ſçu ça, l'Gouverneur
A eu grand' peur,
Et voyant bien
Pour lui qu'ça n'valoit rien,
Y fit dir' à not' Général
Qu'y s'trouvoit mal,

Et qu' s'il vouloit entendre un accord ;
Il alloit se rend' tout d'abord.

    Not' Général plein d'honneur,
    Ayant pitié d' leur malheur,
    Leur dit : J' vous fais grace à tous,
    A l'instant soumettez-vous.
    Tous vos canons, nous les aurons ;
    Vos souterrains, nous les verrons,
    Puis vous irez à l'écart
    Vous r'poser à Gibraltar ;
J' veux en avoir l'honneur tout entier :
C'est ainsi que j' fais mon métier.

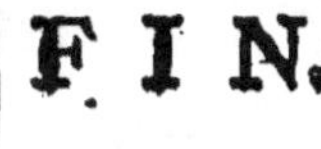

        F I N.

CHANSON. Sur l'Air : *Lon lan la deriri.*

ÇA, buvons, chantons, mes amis,
Mahon à Louis est soumis,
   Lon lan la derirette;
J'en ai le cœur tout réjoui,
   Lon lan la deriri.

   UN enfant qui en parleroit,
Auroit sûrement le fouet, lon lan la...
Tout le jour & toute la nuit, lon lan la deriri.

   ON veut que de ce Port-Mahon
Ils oublient même le nom, lon lan la....
C'est bien une autre chose ici, lon lan la deriri.

   CELA s'étend au Perroquet;
S'il en gazouille en son caquet, lon lan la...
Du'un tourne-main il est occis, lon lan la deriri.

   DESORMAIS, c'est un fait certain,
Ils ne le verront qu'en lointain, lon lan la...
Car Nostradamus l'a prédit, lon lan la deriri.

   REGARDEZ tout de près ce vin;
Voyez donc comme il est clair-fin, lon lan la...
C'est vraiment du côte' roti, lon lan la deriri.

   A la santé du Bon LOUIS,
Et de Richelieu, mes AMIS, lon lan la...
* J'en ai le cœur tout réjoui, lon lan la deriri.
   * Ici chacun boit & dit:

FIN.

CHANSON. Sur l'Air : *De la Marche du Roi de Pruſſe.*

T'NEZ, Meſſieurs les Anglois,
Laiſſez-là les François,
Ils vousdonn'ront ſur l' nez
   Si vous y v'nez.
Premier'ment vous avez tort;
Second'ment ils ſont retorts.
Vous aurez beau vous ſauver,
Ils ſçauront bien vous trouver,
Et nos Grenadiers plutôt qu' plus tard
Vous ſaboul'ront dans Gibraltar.
   Vous v'nez d'avoir le ſavon
     Dans l' Port-Mahon;
     Pargué l' danger
     D'vroit vous corriger.
Si, s'lon vous, vot' Amiral Bing
     En valoit cinq,
Conv'nez, n'en déplaiſe à c' bſau Phénix,
Qu' la Galiſſonniere en vaut dix;
   Et par là-d'ſſus Richelieu,
   Qui t'noit l' mitant du milieu
   Avec d'Egmont & Fronſac,
Vous donn' vos quilles & vot' ſac.

Puis vous sçavez de quel bois
Se chauff' ce Mossieu d' Maillebois:
    Vous voyez qu' c' sont des vivans,
    En cas d' bravour' ben sçavans;
Croyez moi, ne les obstinez plns,
Car sans ça vous êtes perdus.

FIN.

CHANSON. Sur l'Air : *Nous le tenons en cage, le petit*, &c.

CES braves Insulaires,
Qui font, qui font sur mer les Corsaires,
Ailleurs ne tiennent guères ;
Le Port-Mahon est pris ,
Il est pris, il est pris, il est pris, il est pris ;
Ils en sont tous surpris ,
Il est pris, il est pris ;
Ces Forbans d'Angleterre,
Ces fou.. ces fou.. ces foudres de guerre ,
Sur mer comme sur terre,
Dès qu'ils sont combattus,
Sont battus, sont battus, sont battus, sont battus.

ANGLOIS, vos railleries ,
Ces traits, ces mots, ces plaisanteries ,
Seroient-elles taries ?
Seriez-vous moins plaisans ,
A présent, à présent, à présent, à présent ;
Raillant ou combattant ,
L'Anglois vaut tout autant ;
Avec les mêmes graces ,
Il rit, il prend, il défend ses Places ;

Ses bons mots, ſes menaces,
Ont le même ſuccès,
A peu près, à peu près, à peu près, à peu près.

BÉAUX railleurs d'Angleterre,
Nogent, Melun, le Coche d'Auxerre,
A vos Vaiſſeaux de guerre,
Ont pourtant cet Eté,
Réſiſté, réſiſté, réſiſté, réſiſté;
Ils les ont maltraités,
Ils les ont écartés;
Notre Flotte d'eau douce,
Vous voit, vous joint, combat, vous repouſſe,
Et juſqu'au moindre Mouſſe,
Tout eſt ſur nos Batteaux,
Des Héros, des Héros, des Héros, des Héros.

Nota. Tout le monde ſçait, & l'on n'a pas, je crois, beſoin de dire, pour l'intelligence du troiſiéme couplet de cétte Chanſon, qu'au commencement de la guerre, les Anglois donnerent un état de notre Marine, où ils mettoient les Coches de Monteteau, de Corbeil, de Melun, le Villeneuvier, la Gailliote de Saint Cloud, &c.

F I N.

ENTRETIEN du Pere Mahon & du Frere Philippe.

CHANSON. Sur l'Air : *Robin turelurelure.*

L F. PERE Mahon, dites-moi,
Donnez vous la difcipline ?

L P. Non, Frere, je la reçois, turelure,
J'en porte maintes bleffures, Robin...

L. F. Mais, par hafard, quelquefois,
Chez vous fent-on la famine ?

L. P. Non, je garde toutefois, turelure,
Pour deux ans de fourniture, Robin...

L. F. Mais, chez vous, de bonne foi,
Eft-ce une bonne Doctrine ?

L. P. De * Paris je fuis la Loi, turelure ;
C'eft la bonne, je vous jure, Robin...

L. F. J'entre chez vous aujourd'hui,
Si vous prenez des Novices.

L. P. Oui, mon Chœur en eft rempli, turelure,
La chofe eft fûre, & très-fûre. Robin...

L. P. A Richelieu, bon François,
Un jour de feu d'artifice,
J'ai concédé tous mes droits, turelure,

L. F. Bon ! j'aime fa préfecture, Robin...

* Les Mahonnois font Diocèfains de Paris.

F I N.

CHANSON. Sur l'Air : *Jupin de grand matin, &c.*

ANGLOIS, tu songes creux;
Quand, le verre en main,
Tu consultes les Cieux;
  Puis soudain,
Dessus ton papier,
Fais plus d'un millier
De quarrés réguliers;
Où, par Addition,
  Soustraction,
Multiplication,
  Division,
Par une équation,
  Pour Albion,
Tu retrouves Mahon....
  La fiction !
Quand la Foudre n'aura
  Plus ses éclairs,
Et ne se formera
  Plus dans les airs;
Quand la mer tarira,
Vîte Port-Mahon
        L'on
  Lui rendra.   FIN.

CHANSON. Sur l'Air : *Jupin de grand matin*, &c.

ANGLOIS, tu songes creux ;
   Quand, le verre en main,
Tu consultes les Cieux ;
   Puis soudain,
Dessus ton papier,
Fais plus d'un millier
De quarrés réguliers ;
Où, par Addition,
   Soustraction,
Multiplication,
   Division,
Par une équation,
   Pour Albion,
Tu retrouves Mahon....
   La fiction !
Quand la Foudre n'aura
   Plus ses éclairs,
Et ne se formera
   Plus dans les airs ;
Quand la mer tarira,
Vîte Port-Mahon
      L'on
Lui rendra.   FIN.